Norbert Scheurig,
geb. 1951 in Gundelsheim am Neckar.

Im Berufsleben Arbeitsvorbereiter und Kalkulator, versuchte ich meinen Zwang zur nüchternen Sachlichkeit mit schriftstellerischer Kreativität auszugleichen.
Nach „Gedichte, Worte und Visionen" Band eins und zwei entstand nun mein drittes Gedichte Buch „In diesem Leben"
Es beschreibt das menschliche Zusammenleben und
das Gefühl des „WIR".

In diesem Leben

Gedichte
von

Norbert Scheurig

Copyright 2014 by Norbert Scheurig

In diesem Leben

In diesem Leben
wird genommen
und gegeben.
Einmal Turm,
dann wieder Wicht,
einmal Dunkel, einmal Licht!

Nach manchem Rückschlag
„aufzustehen",
macht unser Leben
lebenswert und schön.
Wer versinkt
im Sumpf der Trauer,
nicht mehr kämpfen will,
ist verloren in dem Spiel.

Nimm dein Leben
in die Hand,
„steh auf"
wenn du gefallen bist.
Keiner sagt dann mehr,
du wärst ein kleiner Wicht.

Berater
Menschen, die dazu da sind,
Fehler von anderen zu suchen,
nennt man Berater.

Innere Freude

Drum freue man sich jeden Tag,
wenn der Mensch den Menschen mag.
Kein Hass, kein Streit, kein Neid,
wenn alle dazu sind bereit.

Keine Kriege, keine Waffen,
die zum Machterhalt erschaffen,
wenn jeder dieses klar erkennt,
keiner gegen Mauern rennt!

Das WIR zählt, nicht das ICH,
für alle Freiheit sicherlich,
alles Leben auf der Welt
ist als Unikat bestellt!

Lasst das WIR in unserem Leben,
alle uns zusammen leben.
Vergesst das ICH auf unserer Erde,
damit es wieder besser werde.

Frei

**"Frei" ist nur der,
der ohne Vorurteile gegenüber anderen ist.**

Der letzte Glockenschlag

Wenn dieser Glockenschlag ertönt,
ist es zu spät, dass man sich versöhnt.
Schluss mit Schimpfen und Geschrei,
Ende, aus, es ist vorbei.

Es schmilzt dahin wie Eis das Leben,
zu kurz, zum böse Worte geben.
Lüge, Streit und Neid und Hast,
ist der Menschen größte Last.

An Stelle uns an allem freuen,
schlechte Worte wir bereuen.
Zählen nur noch Macht und Geld,
ich werde verrückt in unserer Welt.

Was ist der Sinn an unserem Sein?
Essen? Arbeit? Honig? Wein?
Oder ist es Freundlichkeit,
kapiert dies endlich, es wird Zeit.

Denn werden wir mal abgelegt,
das Fähnchen nun auf Halbmast steht.
Spielt es keine Rolle mehr,
ob der Beutel voll war oder leer!

Rosen

Die schönste Blüte blüht am Strauch,
dieser Strauch hat Dornen auch.
Will man diese Blüte brechen,
wird man fürchterlich sich stechen!

Es wäre ja kein Problem,
auf der Hand sein Blut zu sehen.
Doch der Dorn hat Widerhaken,
die im Fleische sich verhaken.

Deshalb ein guter Rat von mir,
breche nicht des Strauches Zier.
Nie sollst du die Rose brechen,
Dornen werden dich sonst stechen!

Ein Mensch!

**"Wenn nur ein Mensch versteht, was ich sagen will,
versteht es einst die ganze Welt!"**

Die Nabelschnur!

Am Baum hängt eine Nabelschnur,
es ist nur eine Nabelschnur,
am Ende dieser Nabelschnur,
hing ein Kindlein nur.

Weggeworfen in die Klappe,
das Kind war nur Attrappe.
Es war schön, das Kind zu machen,
plötzlich zählen andere Sachen.

Man hätt` kein Geld,
wär` arbeitslos,
man kriege dieses Kind nicht groß.
Es ist eine Schande im Lande!

Im Bette waren beide groß.
Von seinem bis zu ihren Schoß,
keiner hat daran gedacht,
dass man so auch Kinder macht.

Drum hängt am Baum ne Nabelschnur,
es ist nur eine Nabelschnur,
am Ende dieser Nabelschnur,
hing ein Kindlein nur.

Geborgenheit und Freiheit ist das Salz der Erde

Spiegel an der Wand

Wenn der eigene Spiegel bricht,
sieht man sich selber nicht!
Der Scherbenhaufen ist sehr groß,
was ist mit meinem Spiegel los.

Erkennen kann man nicht,
das eigene Gesicht,
denn der Spiegel an der Wand,
ist zerbrochen bis zum Rand.

Es gibt noch Spiegel, klar und rein,
sie werden immer Spiegel sein,
man kann dann gern zu diesen gehen
und voller Stolz sich selber sehen!

Seelenbaum

Wo Lebensträume Freiheit atmen,
Leuchtelichter hell erglühen,
Qual und Leid ein Ende finden,
dort am Seelenbaum!

Einst wird man es erkennen,
dass lautes Kreischen
von uns Menschen,
niemals würdig war.

Am Seelenbaum,
wird man dir sagen,
du warst zu laut,
dem eigenen Herzen nicht vertraut!

Verlasse nun das Dunkellicht
und steige zu uns auf.
Vieles wird man dir vergeben,
dort am Seelenbaum!

Gesichter

Viele Gesichter meistens nett,
„ach" wenn ich dich zum Freund gern hätt,
eingelullt vor lauter Glück,
mein Freund, er ist von mir ein Stück!

Man lebt im Herzen plötzlich auf,
neuer Freund im Lebenslauf.
Selbst dein innerliches Ich
begeistert sich!

Irgendwo im Hinterhaus
lacht man dich aus,
glauben willst du dieses nicht,
dass dein Freund die Regeln bricht.

In der Gesellschaft ganz weit oben,
Freunde alle weggeschoben,
deshalb vergesse nicht,
wenn ein Wicht von Freundschaft spricht!

Meine Hoffnung und mein Segen,
man wird dir die Quittung geben.
Werd ich gefragt, dann will ich sagen,
du warst mein Freund in sieben Tagen!

Die Zecke

Eine Zecke dick und rund,
ist heute auch nicht mehr gesund.
Sie saugte eines Armen Blut,
doch dieses Blut war nicht mehr gut!

Tabletten meist aus Übersee,
machen Armenblut sehr zäh.
Für Zecken eine große Not,
bringt Zeckenleben aus dem Lot.

Nun wird es für die Zecke schwer,
selbst ihre Kinder leiden sehr,
an dünnes Blut kommt sie nicht dran,
weil kein Mensch sich teure Pillen leisten kann.

Auch im Stalle bei den Kühen,
muss sie schnellstens wieder fliehen,
Im Blut schwimmt Antibiotika,
und brächte sie dem Tode nah!

Das ganze Zeckenleben,
ist nicht mehr zu erstreben.
Menschen ärgert euch doch nicht,
wenn euch eine Zecke sticht.

Es ist nun der Beweis erbracht,
das hättest du wohl nicht gedacht,
dein Blut ist dünn und sehr gesund,
du weißt nun auch, aus welchem Grund!

Irrungen

Er hat sich geirrt,
war eventuell verwirrt,
er kann heute wieder sagen,
alles gut und keine Fragen!
Worte lügen nicht,
tragen an Gewicht,
manches war brutal und hart,
Gemeinheit blieb ihm nicht erspart!

Bei Politik und Strafgericht,
gibt es solche Worte nicht,
mein Freund musste dies erleben,
will nun nach anderen Dingen streben.
Seine Seele war fast tot,
groß und größer seine Not.
Er mir heute nun gesteht,
dass seine Welt sich wieder dreht!

Posaunen tönen
Posaunen tönen über Lande,
dass die Welt zusammenbricht,
sie klagen über große Schande,
zarte Stimmen hört man nicht.
Agenturen mit Zensur,
richten über Menschlichkeit,
die Welt gerät nun aus der Spur,
seid all zum Kampf bereit.

Gepeinigt wird so manches Land,
will man sie vernichten?
Menschen reichen nicht die Hand,
kann man Gedichte dichten.
Dadurch entstanden Sklaven,
die schaffen Kapital und Macht,
mein Wunsch ist sie bestrafen,
dass man sie kleiner macht.

Wenige auf dieser Welt
sind satt und vollgefressen,
reich an Hab und Gut und Geld,
man wird sie bald vergessen!
Wacht nun auf, wir werden siegen,
wir sind der Welten Macht,
wenn alle Menschen einander lieben,
dann ist es vollbracht!

Endlich ist es nun vorbei,
mit Macht und Geld und Sorgen,
mancher sagt noch Sauerei,
für „sie" kein neues Morgen!

Seelenschmerz

Wenn einst die Sonne nicht mehr scheint,
der Wiese Blumen nicht mehr blühen,
wenn Gefühle bitter weinen,
Dunkellicht das Herz umhüllt,
Gedanken schwarze Farben zeigen,
wird unsere Welt,
vergangen bleiben!

Doch,
ein kleiner Funken,
der früher war ein leuchtend Blitz,
wird ewig nun im Herzen bleiben,
immerdar und ewiglich!

Weint nicht nur vor lauter Kummer,
erfreut sollen die Herzen sein,
der Wiese Gras wird wieder grünen,
Blüten wieder Blüten sein.

Irgendwann vergeht ein jeder,
im Licht wird man sich wiedersehen,
dort wo alle Menschenherzen,
sich lieben und verstehen!

Tauchen

Tauchen ist schweben,
andere Welten erleben,
Tauchen ist Natur, pur.
Tauchen macht reich,
nicht an Hab und Gut,
sondern an Freiheit
und Mut.
Tauchen ist Gemeinschaft,
Freunde zu haben,
die sich helfen
in allen Lagen!
Tauchen ist keine Politik,
man sieht nach vorne,
nie zurück.
Tauchern ist es ganz egal,
von welcher Farbe ist dein Schal!
Von Tauchern müssen alle lernen,
sich nicht vom
Leben zu entfernen!
Drum lasst uns alle Taucher sein,
unter Wasser und „daheim"!

Was „er" denkt

Sagt zu allen was er denkt,
seine Meinung, die ihn lenkt.
Mancher kann es nicht ertragen,
dass auch er etwas zu sagen!

Viele gehen mit seinen Worten,
hausieren an so manchen Orten!
Bauen so an einer Mauer,
nicht nur er ist voller Trauer.

Er kann jedermann verstehen,
man will halt nur sein eigen sehen.
Andere Worte, andere Dinge,
sind nicht in aller Menschen Sinne.

So ist es nun im Menschenleben,
dass jeder nur nach sich will streben.
Einst wird dieses anders sein,
manch Polemik blieb daheim!

Auch er hat heute nun erkannt,
dass er sich oftmals hat verrannt.
Drum müssen wir zusammenstehen,
und jede Meinung nun verstehen!

Worte

Muss man Worte all verstehen,
oder muss man einfach gehen.
Muss man Worte nur ertragen,
ob sie weinen oder klagen?

Worte sollen bauen,
Liebe und Vertrauen!
Wenn jeder das versteht,
unsere Welt sich weiter dreht.

Wenn aber Worte sind brutal,
für andere Menschen eine Qual,
wäre Schweigen besser,
wie ein stumpfes Messer.

Sollten wir das einst begreifen,
liebe Worte zu ergreifen,
wird eine neue Welt entstehen,
wo Liebe zählt und auch Verstehen!

Dein Herz
Schlägt dein Herz
vor lauter Schmerz,
immer schneller
jede Stunde,
dann gehst du
vor die Hunde.

Über Politik erregt
dieser gehört abgesägt,
Weiterhin erregt dich sehr,
dass deine Arbeit zählt nicht mehr!

Sechs Euro dreißig
Stundenhohn,
das ist deiner Arbeit Lohn.
Darum schlägt dein Herz
immer schneller voller Schmerz!

Du bist nur Leiharbeiter,
nichts bringt dich einst weiter,
Du könntest auch in Würde leben,
wenn sie dir zwölf Euro geben!

Du wachst nun auf,
im Krankenhaus,
am Herzen operiert,
es ist passiert! Die Kosten trägt der Staat,
weil Bosse waren hart.

Steh endlich auf,
du, der die Arbeit macht,
damit der Boss niemals mehr lacht!

Die Zeit ist reif,
zu sagen was dir nicht gefällt!
Du willst keine Millionen haben,
wie Bosse sie nach Hause tragen.
Du willst nur Gerechtigkeit,
damit dein Herz nicht weiter schreit!

Braucht man oder braucht man nicht?

Man braucht keine,
die Millionen nach Hause tragen,
während andere Hunger haben!

Man braucht,
Gerechtigkeit für alle,
um in Würde leben zu können!

Man braucht keine
billigen Leihsklaven, die nach getaner Arbeit
wie Unrat weggeworfen werden!

Man braucht,
neues Denken und Visionen,
um allen eine bessere Zukunft zu bescheren!

Man braucht keine
Minister, die Menschen ohne Arbeit
pauschal als faul bezeichnen!

Man braucht
eine Regierung, für die alle gleich sind,
keine Subventionen für jene, die schon genug haben!

Man braucht keine
Abnicker!
Man braucht
Gerechtigkeit für alle!

Konsequent

Wer konsequent ins Unglück rennt,
kreischend oder still,
im Dunkellicht verbrennt,
weil er das Hell nicht sehen will!

Selbst einen kleinen Funken Licht
sieht er nicht!
Nur sein Eigen nimmt er wahr,
klar!

Zukunft und Vergangenheit,
ist manchmal nah und manchmal weit.
Heute ist heute und gestern morgen,
ansonsten gibt es Sorgen.

Erhebe dich, steh auf,
mit Konsequent hör auf.
Kompromisse musst du schließen,
diese dann mit Sekt begießen.

Egal ist der Bereich,
Gedanken sind nicht gleich.
Nach Kompromissen soll man streben,
um wieder Lichter zu erleben!

Illegal

Kein Mensch ist illegal,
dieser Satz macht Sinn,
für mich ist dieser Satz normal,
weil ich menschlich bin.

Wenn wir alle das erkennen,
hier auf unserer „Erde",
dürfen wir uns Menschen nennen,
auf das es besser werde.

Du und ich und ich und du,
kein Mensch ist mehr allein,
jeder gibt ein Stück dazu,
wird Menschlichkeit zum Sein!

Keiner wär mehr illegal,
wo man sich auch befind`,
überall ist man legal,
weil wir Menschen sind!

Das letzte Wort

Das letzte Wort steht jedem zu,
überall und hier und dort,
bringt manchem seine selig Ruh,
spült schlechte Gedanken fort!

Ab und zu, ihr könnt mir glauben,
egal wie man es sonst noch nennt,
Worte können dich berauben,
der Geduld, wenn man sie kennt!

Manchmal sind auch letzte Worte,
des eigen Egoismus Ich,
öffnen oft die Höllenpforte,
vor der man immer wich.

Letzte Worte sind auch schön,
wenn man sie aus dem Herzen spricht
als Gruß oder als Dankeschön,
immerdar und ewiglich!

Der Lustmolch

Der Lustmolch ist vor lauter Lust
oftmals nur ein Molch,
durch seines Lebens, Liebesfrust
wurde er zum Strolch!

Farbenpracht

Rote Blüten, glaubt es mir,
sind meines Gartens schönste Zier.
Es ist schon, wie es immer war,
rot macht alle Wünsche klar!

Zwischen drin sind gelbe Flecken,
keiner muss davor erschrecken.
Im Ganzen etwa drei Prozent,
was jedermann als Splitter kennt!

Bei grün, ihr werdet mich verstehen,
kann man nur Blatt und Stängel sehen.
Doch wie es immer ist im Leben,
der Stängel wird die Blüte heben!

Doch Sorgen kann ich nicht vermeiden,
wenn meine Blüten Schwärze zeigen.
Mein Blumengarten war so schön,
bei schwarz wird er schnell untergehen!

Braune Blüten gibt es nicht,
obwohl mein Garten davon spricht.
Ich selbst will nur noch Blüten haben,
aller Welt und allen Arten!

Freiheit

Freiheit ist nicht,
aufstehen, arbeiten, essen, schlafen.
Freiheit ist nicht,
am Monatsende auf seinen Lohn zu warten.
Freiheit ist nicht,
sich von den Herren verdummen zu lassen.
Freiheit ist nicht,
Menschen von anderen Völkern zu hassen.
Freiheit ist nicht,
nur Macht und Geld zu haben.
Freiheit ist nicht,
sich an der Arbeit von anderen zu laben.
Freiheit ist nicht,
alles mögliche haben zu wollen.
Freiheit ist nicht,
dem Knecht keinen Respekt zu zollen.
Freiheit ist nicht,
nur Egoist zu sein.
Freiheit ist nicht
für dich allein.
Freiheit ist,
wenn die Sonne für alle scheint,
ein Leben in Würde und Gerechtigkeit!

Prozentual gesehen

Prozentual gesehen,
kann ich nicht verstehen,
dass mancher im Lande,
nichts tut gegen Schande!

Misshandlung und Mord,
nimmt man hin ohne Wort,
selbst Kindermissbrauch
regt fast keinen mehr auf!

Irgendwo tot geschlagen,
zum Warum fehlen die Fragen,
manche sehen sogar zu,denken,
zum Glück nicht ich, sondern du!

Große Verbrechen nimmt man hin,
da machen kleine keinen Sinn,
Ausbeutung durch das Kapital,
ist heutzutage doch normal!

Ich denke doch als kleiner Dichter!
Sorry Leute, ich bin kein Richter,
doch wenn wir all zusammenstehen,
wird es uns allen besser gehen!

Prozentual gesehen,
kann ich nun verstehen,
dass man gemeinsam im Lande,
verhindert manche Schande

Leisetreter

Leisetreter treten leise,
meistens auf der Stelle,
wer was sagt,
sich engagiert
verliert!
Wer seine Meinung
laut vertritt,
ist nicht der große Hit,
wird meist verkannt,
wirkt arrogant.
Leisetreter bleiben still,
das ist bekannt,
im deutschen Land,
man muss sie erwecken,
mit Schrecken.

Hauptsache billig!

Der Mensch ist nur im Billigwahn,
Schnäppchen machen,
soviel er kann.
Wenn nicht auf der Verpackung steht,
was drinnen ist,
und was er isst,
wird die Empörung groß,
was ist im Lande los!

Globale Freiheit,
Profit, Verbrecher,
täuschen uns und werden frecher,
doch jeder der im Billigwahn,
ein klein wenig schuld daran!

Kauft endlich nun
in unseren Gauen,
was sind schon dreißig Cent,
diese helfen unseren Bauern,
meist dem, der
Massenhaltung noch nicht kennt!

Man braucht kein Fleisch
von Tieren,
täglich, stündlich immerdar.
Ab und zu, ich gebe es zu,
esse ich vom Rind ein Steak,
aber niemals jeden Tag,
mag auch Reibeküchle
und Salat.

Liebe Leute

Liebe Leute wie ihr seid,
träumt immer von Gerechtigkeit,
doch die ist nicht zu haben,
ohne Fragen!

Bedenkt so mancher Lügen,
die wir nach Fragen kriegen.
Der Bürger wünscht sich Ehrlichkeit,
ist sonst zum Wählen nicht bereit,

Renten sicher, das ist klar,
der Euro mache dieses wahr,
doch wenn´s nicht klappt mit Euro-Geld,
zahlt der „Kleine" auf der Welt.

Damals Jubel, alle froh,
in allen Ländern ebenso,
doch die Banken
kannten keine Schranken.

Deshalb ist es heute so,
dass alles stinkt und sowieso,
Kapital hat nun zerrissen,
was die Menschen sehr vermissen.

Drum schafft so manche Banken ab,
sonst werden sie zum Grab,
allen Menschen Löhne geben,
damit auch sie in Würde leben!

Tentakel des Wahnsinns

Tentakel des Wahnsinns
umschlingen manch kranke Gehirne.
Unter gnadenlosem Druck
zerplatzen Gedanken
zur Unkenntlichkeit.

Gebären Worte der Verdammnis
Missbildungen
des menschlichen Seins.
Seelen
winseln nach Erbarmen.

Am Ende der Zukunft,
erkennen auch
zertrümmerte Hirne
den Unsinn ihrer Worte
am Anfang der Vergangenheit.

Wehe ihnen,
wenn sie vergehen,
in der Unendlichkeit
des Universums.
Ohne Hoffnung, ohne Gnade!

Flecken!

Manch Gemüse, manches Obst
hat so manche Flecken,
als wollte die Natur
ihr bestes nur verdecken.

Im Supermarkt kann man erkennen,
das beste nur vom Besten,
tolle Farben, keine Flecken,
auch nicht in alten Resten.

Gespritzt, gedüngt und ein geölt,
Schönheit bei den Käufern zählt,
wichtig ist, es sieht gut aus,
egal ob Gifte sind darauf.

Mein alter Apfelbaum und ich,
sehen solche Flecken nicht,
seit Jahren gibt er mir sehr viel,
Äpfel ohne Gift im Spiel.

Auch Würmern ist er oft ein Haus,
die schneide ich ganz einfach aus,
denn Natur in ihrem Denken,
will allem Leben Leben schenken!

Leidenschaften

Leidenschaften können töten,
Vernunft nicht!

Frühlingstraum

Frühlingsträume, grünes Land,
Menschen gehen Hand in Hand,
Kälte sei ab nun vergessen,
auch die im Herzen festgesessen.

Geht hinaus und riecht den Duft,
Blüten voller farbig Lust,
seht was die Natur euch gibt,
auf aller Welt die Menschen liebt.

Welten weite Streiterei
müsse endlich nun vorbei,
so manche weltlich Hochkultur
vergaß das Sinnen der Natur.

Wenn jeder Mensch dies nun versteht,
dass sich die Welt für alle dreht,
jedes Leben auf der Welt
von der Natur ist gleichgestellt.

Genehmigung

Allen Menschen auf der Welt
genehmigt sei ein riesig Zelt,
das die Menschenwelt umspannt,
so ist es geplant!

Eine friedlich Konstruktion,
alle hätten was davon,
selbst die Farbe im Gesicht
fiele bei keinem ins Gewicht.

Art des Glaubens wäre egal,
Toleranz völlig normal,
jene, die an gar nichts glauben,
würde man des Denkens nicht berauben.

Unter dem globalen Zelt
wäre jeder gleich in dieser Welt,
wir alle haben rotes Blut,
und jedes Blut ist gut genug!

Sollte mein Gedicht gefallen,
würden manche Schranken fallen,
eines will ich noch verraten,
es gäbe nie mehr Börsendaten!

Die Lüge

Wenn ich Kommentare sehe
über der Tiere Pein,
im Markt dann kontrollieren gehe,
Fleisch soll billig sein.
Billig, billig,
macht uns willig!
Des Tieres Leid vergessen,
um billig nur zu essen.

Massenhaltung juckt uns nicht,
billig und schwer an Gewicht.
Auf dem Teller sehr viel Fleisch,
Qual von Tieren ist der Preis.

Deshalb sollten unser Denken
wir in neue Bahnen lenken.
Einmal pro Woche Fleisch verzehren,
Billigfleisch nicht mehr begehren!

Mit Qual von Tieren wäre Schluss,
Schnitzel neuer Hochgenuss.
Einmal pro Woche gibt mir Mut,
auch Gemüse schmeckt seht gut!

Schweigen und Schreien

Wenn Worte schweigen,
schreien die Waffen.
Wenn Worte schreien
schweigen die Waffen!

Deshalb schreit gemeinsam
um Frieden auf der Welt!
Bomben sind keine Lösung
Vergeltung schürt Hass!

Schreit, schreit so laut ihr könnt.
Jedes Wort ersetzt eine Bombe,
jeder freundliche Blick eine Granate.
Lasst uns leben,
alle gemeinsam in dieser Welt.

Wer...

**Wer das Kleine nicht sieht,
wird das Große niemals begreifen!**

Übermacht

Übermacht hat es vollbracht
und baut ein riesig Haus.
Doch ganz oben auf dem Dach,
gehen die Nägel aus.

Diese Nägel warf man weg,
hat billige gekauft.
Plötzlich nun der große Schreck,
billig ausverkauft.

Nun sucht der Bauherr hier und dort,
in allen unseren Landen,
Nägel, die er warf einst fort,
sie sind nicht mehr vorhanden.

Er sucht nun neue Qualität.
Doch die ist schwer zu haben,
jeder der mein Wort versteht,
wird meine Meinung tragen

Dschungel des Seins

Vom Dschungel des Seins
verschlungen,
mit dem Leben oft
gerungen.

Er, der gerne Lieder sang,
von Freiheit und von Ehre,
in mancher Menschen Seele drang,
spürt heute nur noch Leere.

Er mag Gedichte, Bertolt Brecht,
mag seinen Pflaumenbaum,
etwas ist dabei nicht recht,
dass um den Baum ein Zaun.

So ist es auch im Menschenleben,
wenn man von Gittern wird umgeben,
reißt diese Zäune nieder,
lebt in Freiheit wieder!

Drum sage ich, bin alter Knecht,
manche Dinge sind Unrecht,
alle Menschen wollen leben
Macht alle mit, danach zu streben.

Richter Natur

Wir hätten es können,
es ist vorbei.
Angeklagt
und nicht mehr frei.

Gehandelt, getan,
wie ein Fluss voll Leim.
Zu langsam, zu zäh,
das Urteil ist Pein!

Getroffen mal wieder
die Ärmsten der Armen,
Richter Natur
kennt kein Erbarmen.

Glaubt nicht ihr,
die voller Schuld.
Richter Natur,
hat wenig Geduld.

In Kürze wird er
sein Urteil fällen.
Ein riesiger Blitz
die Erde erhellen.

Ein jeder wird brennen
ob reich oder arm.
Weil er für Natur
nichts getan!

Doch Richter Natur
ist sehr gerecht,
wenige
er am Leben lässt!

Einige Menschen
hat er gefunden,
die weder Natur
noch Tiere geschunden.

Auf dem Planeten
wird es weitergehen,
werdet schlau,
um neue Wege zu gehen!

Menschlich zu sein,
ist das größte Gut der Menschheit!

Die Grube

Eine Grube, tief gebaggert,
war einst plötzlich da,
um Gefühle zu begraben,
bedeckt mit Steinen, ohne Klagen.

Doch ein Samen voller Kraft,
durchbricht der Steine Last!
Nicht immer nur sein Eigen sehen,
sondern andere auch verstehen.

Wenn Menschen dies begreifen,
wird manche Freundschaft reifen.
Diese Pflanze dann begießen,
wird sie hoch zum Himmel sprießen.

Wer diese Worte hier versteht,
andere neue Wege geht.
Herz und Seele nicht mehr glühen,
wird die Freundschaftspflanze blühen.

Familie Schwein

Papa Schwein rügt seinen Sohn,
sagt, Junge, es ist heller Hohn,
wie ein Mensch läufst du herum,
eingebildet und sehr dumm!

Selbst am Trog, von dem wir essen,
willst du mit einer Gabel fressen.
Ich bitte dich, werde wieder Schwein
und höre auf ein Mensch zu sein!

Wir, wir pinkeln in ein Eck,
der Mensch spült es mit Wasser weg,
wird es mit Wasser einmal knapp,
geht es mit Menschen schnell bergab.

Sie sperren uns in Ställe ein,
einst wird dieses anders sein,
sie wollen unsere Schnitzel haben,
und sich an unserem Fleische laben.

Glaub mir bitte, lieber Sohn,
die Rasse Mensch erhält den Lohn,
ein Schwein darf dann in Ruhe sterben,
wird niemals mehr geschlachtet werden!

Guter Mann, schlechter Mann?

Ich kannte einen guten Mann,
er hat geschafft und hat getan.
Familie war sein Leben,
hat alles ihr gegeben!

Ein Unfall warf ihn aus der Bahn,
absolut der helle Wahn.
Verlor Frau und seine Kinder,
an einem Tag im Winter.

Ohne Gruß und ohne Wort
ging er damals heimlich fort.
So wie ich schreib ist es geschehen,
keiner hat ihn mehr gesehen.

Jahre später sah ich ihn,
mit der Pulle auf dem Boden knien.
Hat mich erkannt, kaum zu glauben,
mit Tränen in den Augen!

Ich hab ihn in den Arm genommen,
Menschen sind vorbeigekommen.
Einer spuckte vor uns aus,
sagt Säuferpack sind mir ein Graus.

Fürs Land die größte Schande,
nur eine dreckig Penner Bande.
Verrecken sollt ihr hier am Ort,
maulend ging er danach fort.

Den alten Freund, ich bring ihn weg,
für viele war er nur noch Dreck.
Menschlichkeit ward fortgeweht,
weil mancher sie nicht mehr versteht.

Kinder

Kinder sind doch Kinder,
wie jeder einst es war,
doch überall gibt es Schinder
von Kinderherzen, leider wahr.

Nicht nur in unserem Land
lässt man Kinderseelen brechen,
Menschen, ihr habt es in der Hand,
kämpft gegen dies Verbrechen!

Schaut euch mit offenen Augen an,
den Schmerz von Kindern dieser Welt
und was es Schlimmes geben kann,
wenn nur noch „Geld" hier zählt.

Wir müssen doch verstehen,
unsere Zukunft liegt in jedem Kind.
Und seine Hilfe wir erflehen,
wenn alt und krank wir sind.

Ob schwarz, ob gelb, ob weiß, ob rot,
Kinder sind doch unser Leben,
die einst uns Alten in der Not
neue Hoffnung geben...

Olympia

Höher, schneller, weiter,
Doping dein Begleiter,
und auch Schlagen ins Gesicht,
bis im Gesicht was bricht!

Goldmedaillen will gewinnen,
weil die am meisten Gelder bringen,
auch Silber ist doch wunderbar,
bringt weniger an Geldern zwar!

Bronze ist dann nicht so cool,
es gibt kaum Geld vom Werbepool,
vierte Plätze zählen nicht,
für Sportler Schläge ins Gesicht!

Der Gedanke von Olympia,
ich denke, er ist nicht mehr da,
dabei zu sein an dem Event,
das schönste, was ein Sportler kennt!

Sportlich sich mit anderen messen,
Doping und Betrug vergessen,
fair und ehrlich zu gewinnen,
wird die meisten Freunde bringen!

Wald der Träume

Ich tanz herum um meine Träume,
täglich, stündlich immerdar,
es wachsen riesig große Bäume,
bin nicht mehr der, der ich einst war

Es entstand der Wald der Wälder,
groß und größer wurde er,
verschwunden waren Ackerfelder,
der Traumwald wuchs zu sehr.

Undurchdringlich, Dunkelheit,
kein Sonnenlicht, nur Qual,
Schmerzen heut und alle Zeit
mir schöne Träume stahl!

Ein Regentropfen fällt hernieder,
wie eine Träne im Gesicht,
Plötzlich blühen Blumen wieder,
vergessen darf man nicht!

Die Sonne scheint,
der Wiese Farbe wieder bunt,
Menschen singen Liebeslieder,
man weiß aus welchem Grund

Mein Gedicht zum 1. Mai

Wir

Wir sind im Lande die Gewalt,
stellen manche Heuchler kalt!
Wir, wir haben was zu sagen,
zu allen Arbeitnehmer-Fragen.

Auf unseren Schultern sind Millionen,
das sollte man auch mal belohnen.
Wir sind die Arbeiter hier im Land,
zu denen oftmals keiner stand!

Es zählt nur Reichtum, Geld und Macht,
Malocher werden nur verlacht.
Man leiht sich hier auch Arbeitssklaven,
ich hoffe, man wird euch bestrafen.

Viele Steine braucht ein Turm,
der trotzt so manchem Euro-Sturm.
Doch ist das Fundament kaputt und zerfressen,
fallen die oberen Steine auch, das wurde vergessen!

Ich will damit nur eines sagen,
lasst uns leben ohne Klagen.
Denn werden wir einst auferstehen,
wird es auch Bossen schlechter gehen!

Zeit!
(im neuen Jahrtausend)

Zeit zum Leben,
Zeit zu geben,
ist schwerlich
zu erstreben!
Hast einen Job,
nicht zu vergessen,
Man muss halt
trinken, essen!

Zeit frisst deine Jahre
einfach so dahin.
Als Kind,
machte dieses keinen Sinn.

Doch du wirst alt und älter,
denkst nicht mehr an Gehälter,
bist in Rente, wunderbar,
doch deine Zeit ist rar!

Einst wird alles anders sein,
im Moment noch sehr geheim.
Endlich Zeit ich habe,
wenn ich in meinem Grabe.

Man wird dir danken,
für deine Taten,
in Familie, jedem Ort,
aber leider bist du fort!

Licht in dunkler Nacht

„Du" Licht in dunkler Nacht,
hältst wie ein Leuchtturm Wacht.
Seelenblinde sehen nicht,
weil ihr Herz erkaltet ist!

Wer im Dunkel nicht erkennt,
immer gegen Mauern rennt.
Blutig ist nun ihr Gesicht,
weil ihr Herz nicht spricht!

Nach dunkler Nacht im Tageslicht
sieht man nicht.
Der Beton ist meist schon zu hart,
weil manch Herz an Liebe spart!

Alle haben rotes Blut,
jede Haut ist gut genug,
mancher dieses nicht erkennt,
weil im Licht sein Herz verbrennt!

Einst werden wir erkennen,
nicht mehr gegen Mauern rennen,
dass das Licht in dunkler Nacht,
uns alle nun zu Menschen macht!

Das Gesicht

Manches lacht und manches spricht,
manches weint, danach zerbricht.
Manches voller Zorn und Hass,
manches voller Freud und Spaß.

Jedes ist ein Unikat,
ob harte Züge oder zart.
Jedes Gesicht auf dieser Welt,
wird einst mitgezählt.

Doch für manches Angesicht,
zählen andere Gesichter nicht.
Einst macht man auch Gesichter platt,
deren Bauch war immer satt!

Irgendwann, ihr könnt mir glauben,
schließen Gesichter ihre Augen.
Dann fragt man dein Gesicht,
hast du geholfen, „oder nicht"?

Gedanken hören

Wer Gedanken nicht mehr hören kann,
die man in den Augen sieht,
nur Lichter Fetzen dann und wann,
vom Leben ist besiegt!
Kreischen,
Klirren,
Totenstille.
Jedes Denken tot.

Münder bleiben still und leise,
das sind die Preise,
dass Menschen nicht mehr menschlich sind,
nur noch Egoisten sind!

Lachen, Weinen,
Freundlichkeit.
Für die Seele Brot,
sonst ist sie bald tot.

Herbstfarben

Tanze heut um deine Farben,
„du" Herbst hast sie gebracht,
verschlossen werden alle Narben,
die uns einst beigebracht.

Nebelwände steigen,
hinauf zum hellen Licht,
wird allen Menschen zeigen,
der Herbst ist ein Gedicht.

Morgens Leuchten, Glitzerwald,
Farben, voller Pracht,
sieh hin, die Farben gehen bald,
weil Natur es macht.

Der Tag vergeht,
Dunkelheit kehrt ein,
da der Planet sich dreht,
bald wieder Sonnenschein.

Ein Jahr vergeht,
der Herbst kommt neu,
ihr wieder seine Farben seht,
er bleibt uns Menschen treu.

Serenade neu

Bert Brecht mit seinem Lampion,
stolpert durch die Höllenglut,
mancher sagt, was ist das schon,
versteckt im schwarzen Hut.

Der schwarze Hut hat Flecken
und auch so manches Loch,
gelber Stoff will sie verdecken,
doch man erkennt sie noch.

Bert Brecht mit seinem Lampion,
flüchtet aus der Hölle Glut,
rennt auch vorm schwarzen Hut davon,
er täte ihm nicht gut.

Plötzlich, da am Horizont,
sein Lampion glüht auf,
rote Hüte, breite Front,
er sitzt auf einem drauf.

Bert Brecht mit seinem Lampion,
floh einst aus der Hölle Glut,
er hatte Glück und kam davon,
er fand den richtigen Hut.

Berührt

Manche Worte, die man spürt,
keinen mehr berührt.
Das eigene Wort ist Schuld daran,
dass man andere nicht hören kann.

So ist es und wird immer sein,
des anderen Worte sind gemein.
Eigene Worte sind genug,
andere sind nur Betrug!

Darum müssen Worte enden,
die oftmals nur noch blenden.
Solche, die zum Himmel schreien,
kann deine Worte nicht verzeihen.

Wir bleiben nun an Worten still,
da keiner sie mehr hören will.
Begonnen hat die wortlos Zeit,
Alle sind dazu bereit!

Von Worten nicht berührt,
weil man sie nicht mehr spürt.
Denkt man öfter mal daran,
auf manches Wort verzichten kann!

**Nur der, der über den eigenen Schatten springt
ist ein Großer dieser Welt!**

Ballade von guten und schlechten Menschen

Wenig Gute auf der Welt,
sieht man es aus der eigen Sicht.
Er ist gut, er ist ein Held,
und du, du bist es nicht.

Er ist der Größte hier im Lande,
und du ein armer Wicht.
für ihn ist dieses keine Schande,
zahlt deine Arbeit nicht.

Er ist gut und du bist schlecht,
in allen Lebenslagen,
er ist der Herr, das ist gerecht,
du musst das ertragen.

Es ist halt gut und du bist schlecht,
es ist so wie es ist,
im Land zählt nur das eine Recht,
was man aus seinem Fressnapf frisst.

Natürlich klar, von deinen Qualen,
da wir sozial im Lande sind,
muss der Schlechte Steuern zahlen,
der Gut-Mensch nur gewinnt.

Schlechte Menschen Steuer zahlen,
von ihrer Arbeit Schweiß,
meist oft nach manchen Wahlen,
es ist des schlechten Menschen Preis.

Es ist Zeit, ihr schlechten Leute,
alles umzudrehen,
nicht gestern, morgen, sondern heute,
um schlecht als gut zu sehen.

Persönlich wäre ich sehr stolz,
wenn all wir auferstehen,
geschnitzt sind wir aus hartem Holz,
dank euch nun fürs Verstehen!

Wer...

**Wer das Kleine nicht sieht,
wird das Große niemals begreifen!**

Erkennen

Erkennen ist kein Brennen,
dass Leib und Seele glimmt,
Erkennen ist Benennen,
von dem, das nicht mehr stimmt.

Manches Wort gesprochen,
richtig oder falsch?
Das hat die Welt zerbrochen,
meist im falschen Hals.

Einer so, der andere so,
helfen nur noch Klagen,
irgendwann und irgendwo,
wird jedes Wort versagen!

Weinen nützt dann nicht,
niemals ein stilles Stumm,
wenn Menschlichkeit zerbricht,
wir waren alle dumm!

Erkennen ist kein Brennen,
dass Leib und Seele glimmt,
Erkennen ist Benennen,
von dem, das nicht mehr stimmt.

Der kleinste Stein

Selbst der der kleinste Stein
kann riesige Steinlawinen auslösen!

Macht

Schweigend sprechen,
lautlos schreien,
Nebelwand
vor dem Gesicht.
Leid das sieht man nicht.

Blind und taub,
nicht hören und nicht sehen,
alle gleich,
Gerechtigkeit,
bald ist es soweit.

Die Macht wird einst
zur tauben Nuss,
denn die,
die immer machtlos waren,
machen damit Schluss.

Wenn wir all
zusammenstehen,
gemeinsam gegen Mächte stehen,
wird aus jeder Macht,
ein „Mächtle" einst gemacht

Krawatten

Ich grüße alle Männer,
die Krawatten tragen,
wer es tut, wem es gefällt,
ist für mich ein Held!

Klar, habe ich es auch getan,
irgendwann...doch
ich werd sie nicht vermissen,
habe sie alle weg geschmissen.

Norbert Scheurig ist mein Name,
fast fünfzig Jahr geschafft,
alle die Krawatten hatten,
waren eine Last!

Sie wussten alles besser,
hinter dem Krawattenhals,
theoretisch waren sie besser,
doch praktisch keinesfalls.

Entlohnung dieser Besserwisser
war überaus genial,
bei manchen praktisch Fragen,
war ihr Wissen schal!

Drum schwöre ich
ihr lieben Leute,
heute und an allen Tagen,
werde nie Krawatten tragen…

**Alle, die der Meinung sind,
sicher auf dem Boden zu stehen,
müssen aufpassen, dass sie nicht umfallen!**

Palisaden

Schwaden gelblicher Färbung
umhüllen das Antlitz
tiefschwarzer Seelen.
Unsinn und Wahnsinn
zeugen vom Leben der
Vergangenheit!

Palisaden der Verlogenheit
verhindern grausam
„junges Denken".
Doch ist manche Bohle
von Lügen schon zerfressen!
Zerfallen in Späne,
geöffnet für neue Gedanken.
Zerschlagt die restliche Wand,
um neues zu erkennen.

Sonnenlicht in blutroter Farbe,
erzeugt Blüten der Gemeinsamkeit,
umgeben vom Saft grüner Blätter
der Erneuerung!

Trümmer

Trümmer bleiben immer
zurück auf dieser Welt.
Trümmer werden nimmer
wieder hergestellt.

Ein Mosaik zu kleben,
voller Farbenpracht.
Dauert oft ein Leben,
bis man wieder lacht.

Wer zu viele Steinchen sucht,
um dies Werk nun zu vollenden,
diese Suche oft verflucht,
sollt das Suchen schnell beenden!

Sucht man aber ohne Hast,
nicht mehr so verbissen,
fällt ab so manche große Last,
die Herz und Seele zerrissen!

Sieben Winde

Wenn sieben Winde kraftvoll wehen,
durch des Waldes Lichte,
der Bäume Blätter segeln gehen,
dann ist der Herbst Geschichte.

Wenn sieben Käfer sich vergraben
tief im Unterholz,
dadurch im Winter Wärme haben,
ist der Herbst voll Stolz.

Wenn sieben Menschen fast erfrieren,
das Thermometer sinkt,
mit Brennholz ihren Ofen schüren,
von fern der Winter winkt.

Wenn sieben Bäume kahl und leer,
vom Blätterwerk befreit,
dann gibt es diesen Herbst nicht mehr,
denn dann ist Winterzeit.

**Es ist leicht,
eine eigene Meinung zu haben,
aber es ist schwer,
danach zu handeln!**

Kein Riese und kein Held

Im Taumel der Glückseligkeit
erstrahlt ein helles Licht.
Voll Wärme und Geborgenheit,
bis es im Himmel bricht.

Dämonen, Hexen, böse Geister,
brachten Menschen Qual und Pein,
wollten sein des Lichtes Meister,
eiskalt ihr heller Schein.

Gefühle wurden schwächer,
im Herzen Dunkelheit,
wo ist der mutige Rächer,
der uns vom Spuk befreit?

Kein Riese und kein Held
befreien uns von diesem Joch.
Auch niemals Macht und Geld,
holt die Menschen aus dem Loch.

Gerechtigkeit und Liebe,
bringen euch die Siege,
vielleicht sind Siege anfangs klein,
sie werden einmal größer sein.

Übt ihr einst wieder Menschlichkeit,
zu Mensch und Tier auf dieser Erde,
dann habt ihr euch vom Spuk befreit,
auf dass es wieder besser werde.

Was der Tag sagt !

(Titelidee von <u>Nina Jovanovic</u>/ Reha Jan. 2014 - Bad Wimpfen)

Der Tag sagt, nun ich bin vorbei,
manchmal Ruhe, oft Geschrei,
für viele gut, für viele schlecht,
für andere wieder ungerecht.

Doch ich bin nur ein Tag,
der alles Leben mag,
wie ihr mit mir die Zeit verbringt,
wird doch nicht von mir bestimmt.

Bin nur ein Tag von einem Jahr,
wie es auf Erden immer war,
bin dein Dunkel und dein Licht,
etwas anderes bin ich nicht.

Du musst deine Lebensfragen,
auf deinen eigenen Schultern tragen,
ich und jeder andere Tag,
sind nicht schuld an deiner Klag.

Irgendwann

Wenn Lichterblitze hell erglühen,
Nebel über Wasser ziehen,
Buschwerk sich in Erde krallt,
Donnergrollen nicht verhallt,

Menschen über Menschen klagen,
wegen mancherlei Versagen,
sich oftmals selber nur verehren,
und nicht vor eigenen Türen kehren,

Dichter keine Verse schreiben,
Kranke weiter Schmerzen leiden,
keiner mehr zu ihnen spricht,
da unsere Welt zusammenbricht.

Auch gibt es viele Menschen hier,
die fragen, ja wo leben wir,
Verlorene wollen nun verjagen,
wie damals in den dunklen Jahren.

Ich bin im Lande Christ,
mein bester Freund ein Moslem ist,
es ist schon viele Jahre her,
einen besseren finde ich nicht mehr.

Es ist nun Zeit, um zu erkennen,
ansonsten wird die Erde brennen,
dass alle Menschen gleich,
in vielerlei Bereich.

Urlaub 2012
(Italien, wie immer seit 40 Jahren!)

War in Apulien, Sizilien, an der Adria,
Kalabrien und Toscana.
War in Florenz, Lecce und Rom,
Lucca, Siena und im Petersdom.

In Gallipoli Schwertfisch gegessen,
im Giuseppe-Meazza-Stadion gesessen.
Manch Viertel Rosso getrunken,
und dann mit Bianco abgewunken.

Spaghetti alla Vongole ist mein Traum
und Früchte vom Olivenbaum.
Brauch keine Karibik und keine Sphinx,
schnell durch Österreich, dann rechts oder links.

Egal wo du bist in Italia,
Spaß und Freunde sind überall da.
In diesem Jahr nicht so weit gefahren,
Benzin ist teurer als vor Jahren.

Ich bin am Caldonazzo-See geblieben
und habe diese Zeilen geschrieben.
Der Herrgott hat den See gemacht
und dabei an mich gedacht.

Ruhig und still, wie ich es bin,
euer Lachen macht jetzt keinen Sinn.
Wenn ich mich vom Rentnersein erholen muss,
schnell nach Italien! Punkt, Komma und Schluss.

Über den Schatten springen

Kann es Menschen einst gelingen,
über ihren Schatten zu springen?
Oder ist ihr Herz schon zu hart,
was einmal glücklich war und zart,

Kann es Menschen einst gelingen,
voller Freude Lieder zu singen?
Vergessen alle Qual und Pein,
wieder einmal fröhlich sein.

Kann es Menschen einst gelingen,
wieder Liebe zu erringen?
Zu denen die sich danach sehnen,
sich an Schultern anzulehnen.

Kann es Menschen einst gelingen,
Vorurteile zu bezwingen?
Wir sind doch alle gleich,
in jeglichem Bereich.

Ich selber durfte es verstehen,
zusammen muss man Wege gehen!
Gemeinsam wieder Lieder singen
und über den eigenen Schatten springen!

Ziel oder Ziel

Auch mit kleinen Schritten
kann man sein Ziel erreichen.

Doch wer zu schnell zum Ziele rennt,
erschöpft,
den Zielstrich nicht erkennt,
steht davor noch in Ewigkeit!

Wählen geht man nicht

Ich halte es für eine Schande,
wie man spricht von unserem Lande,
egal was alles hier zerbricht,
doch wählen geht man nicht!

Arbeit für sehr wenig Geld,
keinem Leiharbeit gefällt,
auch Mindestlöhne braucht man nicht,
denn wählen geht man nicht!

Am Stammtisch zu sozialen Fragen,
können viele etwas sagen,
man wäre im Lande armer Wicht,
nur wählen geht man nicht!

Man ist alt mit karger Rente,
wann endlich kommt nun eine Wende?
Ich sag es dir nun ins Gesicht,
warst du wählen oder nicht?

Nach den Wahlen, Schweinerei,
welch Partei ist da dabei,
schlecht ist wenn nun so spricht,
denn wählen war man nicht!

Einst wird es wieder anders sein,
keine Wahl, man bleibt daheim,
wenn dann die Welt zusammenbricht,
wählen darf man nicht!

Wolkentanz

Wolken tanzen überschwänglich,
hoch über uns herum,
als wollten sie uns warnen,
doch wir sind halt zu dumm!

Wegen Land und Gold und Macht,
wurden Menschen umgebracht,
Ureinwohner mancher Lande,
totgeschlagen, welche Schande!

Damit der Reichtum immer mehr,
holt man Sklaven sich noch her,
ich dachte einst, ich will nicht streiten,
das wäre vorbei seit langen Zeiten!

Leider muss ich nun erkennen
und es hart beim Namen nennen,
heute sagt man Leiharbeiter,
des Reichtums neue Wegbereiter!

Vorbei, es tanzen keine Wolken mehr,
dies zu verstehen ist doch nicht schwer,
wenn es Menschen nicht mehr gibt,
braucht man Wolkentänze nicht!

Der Weg...

Der Weg, den man geht,
oft selbst nicht versteht,
oder sind sie erzwungen,
manche Gabelungen?

Wenn man zu zweit,
schneller bereit,
auf geraden Wegen,
das Ziel zu erleben!

Bei drei oder mehr,
wird es schon schwer,
gemeinsam zu gehen,
und Ziele zu sehen!

Bald jeder erkennt,
der allein zum Ziele rennt,
dass nur alle zusammen,
den richtigen Weg gegangen!

Wenn alle Menschen dieser Welt,
gemeinsam einen Weg gewählt,
mache ich mir keine Sorgen,
um das neue „Morgen"!

Vergessen

Vergesse niemals deine Schmerzen,
die tief drinnen in dir sind.
Vergesse nicht die ganzen Herzen,
die immer bei dir sind!

Verfluche niemals deinen Kummer,
von jenen, die ihn dir gebracht.
Auch diese Kinder haben Hunger,
vergessen und verlacht.

Vergesse nicht des Menschen Herz,
das zur Ruine ward verdammt,
trotz allem Seelenschmerz,
keiner wird verbrannt!

Leben geben, leben lassen,
niemals mehr den anderen hassen,
dann ist man frei im Herz,
ohne allem Schmerz.

Das Zählwerk

Es gibt ein Zählwerk auf der Welt,
ob reich, ob arm, ob Macht, ob Geld,
gnadenlos zählt es dich ab,
ob du cool warst oder schlapp!

Du hattest Titel, hattest Orden,
warst an tausend Welten-Orten,
doch das Zählwerk machte klick,
gibt dann niemals ein Zurück!

Doch heute ist des Zählwerks „Klick"
für manche nur ein großer Trick,
von Malochern reich gemacht,
übers Klicken mancher lacht.

Ohne Geld und ohne Pillen,
wird der Klick sein Werk erfüllen,
Malocher müssen früher gehen,
Reiche werden überstehen.

Es ist nun Zeit, sich zu erheben,
alle Menschen wollen leben,
denn wir sind doch gleich,
ob wir arm sind oder reich.

Lebensformel

Stress und Frust
geteilt durch Vier,
ergibt ein neues Elixier,
dies addiert mit 3 Gramm Freude
ergibt die Menschlichkeit
von heute.

Die dritte Wurzel
wird gezogen,
glaubt mir,
es ist nicht gelogen.
Das Ergebnis, wenn es stimmt,
wird mit Pi nun abgestimmt.

Nun ist ein Durchschnitt
zu erkennen,
dass Menschen nur im Kreise rennen,
auch dieses ist doch kein Problem,
wenn wir den Kreisausschnitt
einst sehen!

Entronnen aus des Kreises Bürde,
es in der Fläche heißen würde,
addiert man Lieb und Freundlichkeit,
jeder nun dazu bereit,
braucht man keine Mathe mehr,
das Leben wäre halb so schwer.

Mindestlohn

Mancher Lohn in unserm Lande
ist eine große Schande.
Man redet gern darüber viel,
acht Euro fünfzig wär das Ziel!

Wenn ich diese Zahlen höre,
ich mich darüber sehr empöre.
Wir sollten all zusammenstehen,
und über Tellerränder sehen.

Zehn Euro müssen sein,
für der Maloche Pein.
Es ist nun Zeit um aufzustehen,
damit auch Herren dies verstehen!

„Doch" dieses sieht man nicht,
Politik, Gewerkschaft nur ein Wicht.
Wichtig ist , dass wir bezahlen,
vor und nach den Wahlen!

Malocher all im deutschen Land,
reicht euch zusammen eure Hand.
Denn ohne unser Tun und Beten,
wird man uns zu Boden treten!

Sonnenuntergang

Es ist wahr,
Millionen Jahr,
nach Licht folgt Dunkelheit,
immerdar in Ewigkeit.
Doch auch Dunkelheit vergeht,
da der Planet sich dreht,
des Seins Gerechtigkeit,
helles Licht und Dunkelheit.

Auch unser Menschenleben,
will nur das Licht erstreben,
ohne Dunkel geht es nicht,
sonst die ganze Welt zerbricht.

Wer im Lichte immer stand,
wird ins Dunkel meist verbannt.
Jener, der in Dunkelheit,
leuchtet als Licht in Ewigkeit!

Stimmen

Stimmen fein und zart,
Stimmen laut und hart,
bohren sich ins Herz,
manche schmeichelnd,
manche Schmerz.

Stimmen, die vom Glück betrunken,
Stimmen, die in Qual ertrunken,
zerreißen manche Seelen,
manchmal Freude,
manchmal Quälen.

Drum muss man alle Stimmen,
die Herz und Seele verglimmen,
verbannen schnell von dieser Welt,
da nur,
gemeinsame Stimme zählt.

Harte Stimme hält zurück,
zarte Stimme vor ein Stück,
das wäre nun Gerechtigkeit
wenn jeder Mensch,
dazu bereit.

Haken schlagen

Wer einen Hasen will erjagen,
muss selber Haken schlagen!
Wenn man das nicht kann,
ist man arm daran.

Die Gesellschaft will es so,
mal links mal rechts mal irgendwo.
Geradeaus zu laufen,
kann keiner mehr verkaufen.

Wer aber Haken schlagen kann,
hin und her und dann und wann,
wird in seinem Leben,
Höhenflug erleben!

Man wird der Größte hier im Land,
weil mancher Haken nicht erkannt.
Doch wer den Weg gerade geht,
im Lande neue Hoffnung sät!

Man kriegelt wieder

Man kriegelt wieder auf der Welt
und schreit nach seinem Gott.
Er hört es nicht,
vor lauter Schmerz,
erzürnt von Menschen Taten,
die sein Wort verraten!

Mit Bomben und Raketen,
in alten Zeiten mit dem Schwert,
getötet wird das Leben,
der Mensch hat keinen Wert,
alles Geld und alle Macht,
hat nur den Tod gebracht!

Wegen mancher Religion,
oder wegen Land und Geld,
werden viele einst erwachen,
wenn man tot sein Kind erhält.
Lasst Nächstenliebe walten,
die Welt uns neu gestalten.

Wer viel hat, gebe mehr,
für jene, die vor Hunger weinen,
dann werden alle satt,
würde die Welt vereinen!
Ob man mächtig war, ob arm, ob reich,
Im Tode sind wir alle gleich!

Schwarzer Schatten!

Wer im schwarzen Schatten steht,
erkennt meist nicht
des Leuchtturms Licht!

Die Weihnachtsgans

Geschlachtet, ausgenommen und gefüllt,
um Weihnacht zu erleben,
laut nach Hilf hat sie gebrüllt,
ihr Schnattern war vergebens!

Ich gebe zu, ich bin bereit,
auch ich esse Fleisch von Tieren,
doch in dieser friedlich Zeit,
sollen dies auch Tiere spüren.

Ich bitte euch und denket nach,
dass Massenhaltung manche Mast,
der Menschlichkeit niemals entsprach,
einst wird es uns zur Last.

Drum essen wir zur Weihnacht nur,
was die Natur erbracht,
Kartoffeln und Gemüse pur,
was wir einst eingemacht.

Erledigt wär des Tieres Mast,
die entstand des Mammons wegen,
des Menschen allergrößte Last,
würde man ihm vergeben!

Steigen und Fallen

Heute steigt man in den Himmel,
immer höher hoch hinauf.
Morgen fällt man aus dem Himmel,
schlägt hart dann auf den Boden auf.

Alles nur Gesellschaftsfragen,
für den, der nichts von Gleichheit hält.
Viele nichts und wenige alles haben,
einer steigt, der andere fällt.

Die sich an die Wolken krallen,
jene, die mit Geld und Macht,
werden bald vom Himmel fallen,
kein Mensch zum Krallen ist gemacht.

„Doch" wenn alle Menschen steigen,
gleichberechtigt auf der Welt,
gemeinsam sich die Hände reichen,
gäbe es keinen mehr der fällt!

Komisch-Menschen

Komisch-Menschen, das ist wahr,
sehen im Nebel nicht mehr klar.
Selbst gemachte Realitäten,
Samen, den sie selber säten,
wächst plötzlich über Nacht,
aus der Erde mit voller Pracht!

Mancher Samen wurde vergessen,
den man einmal hat besessen.
Einst die Pflanzenpracht erblüht,
einige Blüten nicht mehr sieht,
das ist einfach zu begreifen,
vergessener Samen kann nicht reifen.

Komisch-Menschen wundern sich,
dass jeder voreinander wich.
Weil wir alle menschlich Gaben,
nicht mehr in uns leben haben,
doch wenn wir all zum „Wir" bereit,
ist Komisch-Mensch „Vergangenheit".

Das Lied von der Tüten -Suppe

Bert Brecht hatte Recht,
und sprach von alten Zeiten,
heute muss keiner Hunger leiden.
Lasse den Staat, so wie er ist,
obwohl der eine Fleisch -
und der andere Tüten-Suppe frisst!

Arbeit findet man hier auch,
mach Leiharbeit, mach Werksvertrag,
oder den Zehn-Stunden-Tag,
natürlich ist dein Stundenlohn,
so gesehen heller Hohn,
für Tüten-Suppe reicht er schon!

Doch dann, wenn man einst
nicht mehr kann,
kann es leicht passieren,
„dass sie wieder marschieren"!
Suppe aus Tüten nie mehr verzehren,
alles muss man dafür umkehren!

Der Schmied,

Wenn der Schmied,
mit seinem Hammer
auf glühend Eisen schlägt,
macht der Amboss
kein Gejammer,
nur das Eisen, das
man formt!

Schmiede und auch Politik
wollen Eisen formen,
nichts bleibt danach zurück,
auch keine neuen Normen!

Doch wenn der
Schmied erkennt, dass
man nur Eisen formen kann,
wenn der Amboss nicht zu hart,
und mancher Hammer zart.

In der nun neuen Kenntnis Lage,
erübrigt sich so manche Frage,
auch Politik sollt das erkennen,
endlich es beim Namen nennen,
man kann nicht
jedes Eisen formen,
denn alle Eisen
haben Normen!

Ach wenn ich...

Ach wenn ich drei Millionen hätt
der Staat nimmt mir dann eine weg,
blieben immerhin noch zwei,
und mein Gewissen frei!

Es wäre wichtig zu erwähnen
ich bräuchte mich nicht schämen,
wenn mein Auto auf den Straßen fährt
die dem Steuerzahler hier gehört.

Auch wenn des Nachts an meinem Haus
gerüttelt wird, muss ich nicht raus,
rufe schnell die Polizei
da ich beim Zahlen bin dabei.

Will ich einst Fußballspiele sehen,
ohne Angst ins Stadion gehen,
mit meiner Frau und meinem Kind
sorglos, weil dort Polizisten sind!

Doch wer betrügt in unserem Lande,
sich selber macht zu einer Schande,
muss ein paar Jährchen in den Knast,
da er für alle eine Last!

Die Ballade von den Helden

Helden werden sie benannt,
da der Pokal in ihrer Hand,
die Taschen nun voll Euro Scheinen,
manche jubeln, andere weinen!

Doch wer bestimmt
wer Helden sind?
Viele haben nichts davon,
wenn der Pokal „dahom"!

Meine Helden, das sind die,
behandelt oft wie Vieh,
Arbeit für einen Hungerlohn,
was ist das schon.

Selbst Jungs und Mädels aus dem Land
in andere Länder sind versandt,
täglich um ihr Leben sorgen,
wahrer Held bleibt meist verborgen!

Es ist so, wie es immer ist,
echte Helden man vergisst.
Kein Problem in unserm Land,
man gibt auch Dieben seine Hand.

Jeder einfach kleine Mann,
dem man vom Lohne nehmen kann,
ist der allergrößte Held.
Auch wenn es ihm nicht sehr gefällt

Blender

Heute konnte ich es wieder sehen,
dass Blender in der Zeitung stehen.
Nichts getan in manchen Fragen,
sich an Erfolgen anderer laben.

Ich finde das charakterlos,
bestimmen über andere bloß
und sind niemals in der Lage,
zu erkennen manche Frage.

Das ICH zählt, andere sind egal,
nein, das ist wirklich nicht normal,
denn besser wird' s in Deutschland hier
nur dann, wenn jeder sieht das WIR.

Das andere Leben

Leben,
ist nehmen
und geben!
Wer das erkennt,
mehr gibt, als nimmt,
„gewinnt"

Ressourcen

Ressourcen hier in unserem Land,
ist die Arbeit Hand in Hand.
Deshalb muss man denen geben,
die arbeiten, um gut zu leben!

Nimmt man aber ihnen weg,
ganz egal für welchen Zweck,
wäre dies in unserem Lande,
eine große Schande.

Kein Gold, kein Öl, kein Diamant,
gibt es hier in unserem Land.
Doch diese Dinge sind vergänglich,
Arbeit bleibt uns lebenslänglich.

Behandelt Arbeitnehmer gut,
gebt ihnen täglich neuen Mut,
dann packen alle wieder an,
dass jedermann gut leben kann.

Drum lasst uns all zusammenstehen,
glücklich in die Zukunft sehen.
Die Ressource Strebsamkeit,
bleibt bestehen in Ewigkeit.

Wässrige Zukunft

Ob Neckar, Main, ob Elbe,
ist oft das Wasser nicht dasselbe.
Doch viele Menschen drum herum,
bleiben stumm!

Gehen schaffen für ihr Geld,
am Monatsende wird gezählt.
Wieder hat es nicht gereicht,
so zu leben ist nicht leicht.

Bekommen nur sechs Euro zehn,
damit zu leben ist nicht schön.
Selbst ihrer Kinder Pausenbrot,
bringt die Familie aus dem Lot.

Für ein Stück Obst reicht´s oftmals nicht,
weil Wohnungsmiete teuer ist.
Drum stimme ich für Mindestlohn,
denn alles andere ist ein Hohn.

Ich bin nur ein kleiner Dichter,
fühle mich nicht als Deutschlands Richter.
Doch wenn wir alle wählen gehen,
wird es Niedrig–Löhnern besser gehen!

Baum an Baum gestellt

Baum an Baum gestellt,
geheimnisvoll die Nebel steigen;
Wassertropfen Farbe zeigen,
vielerorts auf dieser Welt.

Doch wir Menschen sehen nicht,
zerstört die Welten-Lunge,
spricht mit falscher Zunge,
bis alles einst zerbricht.

Gibt Tieren vielen an der Zahl,
Leben und Geborgenheit,
immerdar zu jeder Zeit,
der Mensch ist seine Qual.

Einst wenn die Bäume nicht mehr sind,
niemals wieder aufrecht stehen,
den Himmel wegen Smog nicht sehen,
stirbt auch der Mensch im giftig Wind.

Gibt man dann Natur und Baum,
zurück was man ihnen nimmt,
das Verhältnis wieder stimmt,
wird das Leben „Traum"!

Sinnlos
Sinnlos zu fragen,
keiner wird 's sagen,
alle sind still,
da man das will.
Worte lenken,
Vertrauen schenken,
leider vorbei,
sinnlos mein Schrei.
Zusammen leben,
nehmen und geben,
wäre ein Weg,
über den Steg.
Menschen sind gleich,
in jedem Bereich,
doch in dieser Welt,
zählt Macht und Geld.
An einem Tag,
ich dir das sag,
ist es vorbei,
mit dem Geschrei.
Neue Lage,
kommt einst die Waage,
für zu leicht empfunden,
weil andere geschunden.

Hört meine Worte,
zu spät an der Pforte,
Eintritt verwehrt,
war es das wert?

Die letzte Hürde

Herzzerreißend flehend weinen,
einmal noch die Rosen sehen.
Überladen mit Gefühlen,
wenn Flüsterwinde leise wehen!

Eilt herbei ihr Erdenbürger,
seht den Himmel blutig rot.
Schwarze Schatten senken nieder,
vertilgen euer letztes Brot.

Vögel nicht mehr zwitschernd fliegen,
von verdorrtem Baum zu Baum.
Tausend Fische trocken liegen,
starb der allerletzte Traum!

„Alle" wollten immer mehr,
gottgleich sein, das war ihr Streben.
Die letzte Hürde vor dem Ziel,
beendet euer nutzlos Leben!

Gefangen oder frei

Ward gefangen in Gedanken,
mein Herz war nicht mehr frei,
innerliches Schwanken
nun ist es vorbei.

Wollte alles haben,
was ich mir gern ersehnt,
Lasten will ich tragen,
die sich an mich gelehnt.

Nun bin ich frei,
habe nun erkannt,
es ist vorbei,
was mein Herz gesandt.

Ob gestern, morgen, heute,
ich lebe wieder, welche Freude,
mein eigen Leben,
was man mir gegeben!

Meine Reise ins ich

Wie im Rausch zu fernen Welten,
Gedanken überschlagen sich.
manche Bilder traumhaft schön,
andere nicht.

Gebirge von Lebensillusionen,
nicht erklommen, der Weg zu steil,
dem Abgrund oft entkommen,
Brücken waren mein Heil.

Ich wandere weiter
auf geraden Wegen,
so wie im Leben,
eben.

Zurück von der Reise,
wieder daheim.
Such meine Illusionen
und geh auf sie ein.

Fluchtweg

Jeder Fluchtweg ist verbaut,
von dem, der nie zurück geschaut.
Wer aber vorn und hinten sieht,
niemals vor sich selber flieht.

Vergessen darf man nicht,
ob helles oder dunkles Licht.
Wer erkennt, was Freiheit ist,
bleibt niemals mehr ein armer Wicht.

Wir alle lieben den Planet,
zu Recht ein jeder darauf steht.
Wird er zerstört durch manche Gier,
bleibt auch Herr Gierig nicht mehr hier!

Mein Fluchtweg ist total verbaut,
manchmal vor mir selber graut.
Ich, wir werfen Lebensmittel weg,
und andere Menschen fressen Dreck!

Intriganten

Intriganten hier und dort
gibt es auf der Welt, an jedem Ort,
sie sehen nur sich selbst
und andere nicht,
bis vieles dann zerbricht.

Ich selber durfte das erkennen,
will aber keine Namen nennen.
Erstmals sind sie nett und lieb,
du bist der beste im Betrieb.

Doch ihr Dolch ist angespitzt
und bald in deinem Rücken sitzt.
Drum sage ich, ihr lieben Leute,
nehmt euch in acht vor dieser Meute.

Treu und ehrlich immerdar,
macht ein schönes Leben wahr!

Frühjahrsputz

Frühjahrsputz nun Hand in Hand,
ob Familie oder Land.
Auch in den Regierungskreisen
muss man Sauberkeit beweisen!

Chefetagen, Amt, Parteien,
schnell von allem Schmutz befreien.
Selbst in manchem Hinterzimmer,
wird die Staubschicht immer schlimmer.

Aller Unrat, aller Dreck
muss auch von Medien schnell weg.
Wenn alles glänzt, wird man verstehen,
und das im neuen Lichte sehen.

Deshalb ist der Frühjahrsputz,
für all im Land von großem Nutz.
Ich helfe gern mit meinen Worten,
zu putzen an so manchen Orten!

Dunkel, Licht und Sonnenschein

Dunkel, Licht und Sonnenschein,
am Ende ist man doch allein!
Ob Liebe, Triebe, Hiebe,
ob verloren oder Siege.

Irgendwann
erinnert man,
an manche schöne Stunde,
zu spät die neue Kunde!

Freude im Herz,
verdrängt manch Schmerz.
Vergessen sollt man nicht,
sag ich und mein Gedicht.

Man muss im Leben Brücken bauen,
niemals mehr nach hinten schauen.

Dresden

Vor kurzem habe ich Dresden gesehen,
eine Stadt, die wunderschön,
Gebäude aus Sandstein voller Pracht,
manchmal dunkel wie die Nacht.

Einst in den alten Zeiten,
musstest Qualen du erleiden,
trotz Blutzoll, Not und Leid,
gabst nicht auf, warst nicht bereit.

Dresdner Bürger, Bürgerin,
nahmen diese Dinge hin,
ich kann dazu nur eines sagen,
„könnt euer Haupt erhoben tragen".

Ich war in dir und durfte spüren,
konnte dich mit meiner Hand berühren,
fühlte Respekt tief in mir drin,
als ich durch deine Straßen ging.

Komme wieder, glaube mir,
weil ich in dir Gefühle spür,
alle gleich und Hand in Hand,
egal aus welchem Bundesland.

Tag der Unvernunft

Am Tag der Unvernunft
geht viel verloren,
mancher wird geschoren,
nicht zum Held erkoren!

Plötzlich alles neu,
ohne jede Scheu,
viele Dinge ändern sich,
ob man cool war oder nicht!

Nach Unvernunft zu streben,
verändert manches Leben,
egal in welchem Land,
wenn man immer oben stand!

Den Tag der Unvernunft
wird jedermann erreichen.
Davor kann man nicht weichen,
obwohl es keiner glauben will.

Wir alten Säcke

Haben malocht, geschafft, getan
und plötzlich sind wir schuld daran,
dass es den Enkeln schlechter geht,
ein alter Sack das nicht versteht.

Wir haben euch geboren,
nun werden wir geschoren,
wir haben viel für euch gemacht,
zum Sündenbock wir es gebracht.

Von unserem Schaffen halben Lohn
nahm der Staat, was ist das schon,
fast fünfzig Jahre Arbeitskraft,
wird jungen Menschen nun zur Last.

Einst werden wir erleben,
nach Arbeit und nach Streben,
Alte in ein Lager tun,
um von Maloche auszuruhn.

Bei Linsen ohne Saiten Wurst,
kein Viertele für manchen Durst,
wir können alles überleben,
wie es damals war im Leben!

Zum Ende will ich nur noch sagen,
dass wir den deutschen Staat getragen,
ohne uns und unser Schaffen,
würden große Löcher klaffen!

Mancher hat und mancher nicht

Mancher hat und mancher nicht,
sage ich mit meinem Gedicht,
denn wer nichts ist und wer nichts kann,
steht meistens immer hinten an.

Natürlich zahlte er die Steuer,
hat gespendet ungeheuer,
Neider wird es immer geben,
in diesem unserem Leben.

Man zahlt ihm gerne Geld,
damit er kam in ländlich Welt,
alle haben es gern getan,
dass er zu uns ins Städtle kam.

Jeder Neider, der da spricht,
„ICH" nehme diese Gelder nicht,
lügt sich selber in die Tasche,
ist im Leben leere Flasche.

Mancher Mann

Mancher Mann,
der sehr viel kann,
wird oft zum Lappen
hier gemacht!
Verraten und verlacht.
Er schafft und schwitzt,
tagein, tagaus,
zuhause ist er eine Laus,
will der Familie geben,
dass sie ein gutes Leben!
Er ist am Abend müde,
wenn er sein
Pensum halten will,
Familie zur Genüge,
die er ernähren will. Seiner Frau
wird das zu viel,
er schläft in seinem Bette,
sie ihn auch mal haben will,
wer diese Ehe rette?
Er ist ein treuer Arbeitnehmer,
neun Euro zwanzig
in der Stunde,
keiner bringt ihn jemals weiter,
er geht bald vor die Hunde!
Seine Frau und seine Kinder
haben ihn verlassen,
für sein Geld
schafft er nun weiter,
bis zur letzten Stunde.

Bübele

Bübele, ach Bübele,
hör mit dem Dichten auf,
den ganzen Tag im Stübele
und keiner hört darauf.

Geh lieber raus in die Natur,
lass dich von ihr tragen,
seh ihre schönen Farben nur,
so lang wir sie noch haben.

Bübele, ach Bübele,
vergesse nun dein Schreiben,
in deinem dunklen Stübele
wirst allein du bleiben.

Geh in die Kneipe, trinke Bier,
lass es so richtig knallen,
du bist auf Erd nicht ewig hier,
es wird dir sehr gefallen.

Bübele, ach Bübele,
Worte die du hast,
erdacht in deinem Stübele,
sind für Menschen Last!

Danke an alle Leser!

Ich freue mich, wenn Ihnen meine Gedichte gefallen haben.

Danke an Bärbel Kache Lungwitz!

Die einiges korrigiert und manches verbessert hat.

Danke an alle Freundinnen und Freunde!

Die mir den Namen
„Neckar Odenwald – Brecht"
verliehen haben.

Bitte vergesst nie,

Wer lacht der lebt,
wer nicht lacht lebt auch,
aber wie …!!

Norbert Scheurig

Herstellung und Verlag:
BoD - Books on Demand, Norderstedt
ISBN 978-3-7357-9268-6